Título original: *Déclaration des droits de l'homme et du citoyen*

Título en castellano: *Declaración de los derechos del hombre y del ciudadano.*

Fecha de publicación: 26 de agosto de 1789.

Autor: Asamblea Nacional Constituyente francesa.

Traducción: Antonio Nariño (1793)

Editor y portada: Miguel G. Macho.

Declaración de los derechos del hombre y del ciudadano

Los Representantes del pueblo francés, constituidos en Asamblea Nacional, considerando que la ignorancia, el olvido y el desprecio de los derechos del hombre son las únicas causas de las desgracias públicas y de la corrupción de los gobiernos, han resuelto exponer en una declaración solemne los derechos naturales, inenajenables y sagrados del hombre, a fin de que esta declaración constantemente presente a todos los miembros del cuerpo social, les recuerde sin cesar sus derechos y sus deberes, y que los actos del Poder Legislativo y del Poder Ejecutivo puedan ser a cada instante comparados con el objeto de toda institución política, y sean más respetados; y a fin de que las reclamaciones de los ciudadanos fundadas sobre principios simples e incontestables, se dirijan siempre al mantenimiento de la constitución y a la felicidad de todos.

En consecuencia, la Asamblea Nacional reconoce y declara en presencia y bajo los auspicios del Ser Supremo, los derechos siguientes del hombre y del ciudadano:

Artículo 1

Los hombres nacen y permanecen libres e iguales en derechos. Las distinciones sociales no pueden fundarse sino sobre la utilidad común.

Artículo 2

El objeto de toda asociación política es la conservación de los derechos naturales e imprescriptibles del hombre. Estos derechos son: la libertad, la propiedad, la seguridad y la resistencia a la opresión.

Artículo 3

El principio de esta soberanía reside esencialmente en la Nación. Ningún cuerpo, ningún individuo puede ejercer autoridad que no emane expresamente de ella.

Artículo 4

La libertad consiste en poder hacer todo lo que no dañe a otro; así, el ejercicio de los derechos naturales de cada hombre no tiene más límites que los que aseguran a los miembros de la sociedad el goce de estos mismos derechos. Estos límites no se pueden determinar sino por la ley.

Artículo 5

La ley no puede prohibir sino las acciones dañosas a la sociedad. Todo lo que no es prohibido por la ley no puede ser impedido, y nadie puede ser obligado a hacer lo que ella no manda.

Artículo 6

La ley es la expresión de la voluntad general. Todos los ciudadanos tienen derecho de concurrir personalmente o por sus representantes a su formación. Ella debe ser la misma para todos, sea que proteja o que castigue. Todos los ciudadanos, siendo iguales a sus ojos, son igualmente admisibles a todas las dignidades, puestos, y empleos, sin otra distinción que la de sus talentos y virtudes.

Artículo 7

Ningún hombre puede ser acusado, detenido ni arrestado sino en los casos determinados por la ley, y según las fórmulas que ella ha prescrito. Los que solicitan, expiden, ejecutan o hacen ejecutar órdenes arbitrarias, deben ser castigados; pero todo ciudadano llamado o cogido en virtud de la ley, debe obedecer al instante: de no, se hace culpable por la resistencia.

Artículo 8

La ley no debe establecer sino penas estrictas y evidentemente necesarias, y ninguno puede ser castigado sino en virtud de una ley establecida y promulgada anteriormente al delito, y legalmente aplicada.

Artículo 9

Todo hombre se presume inocente hasta que haya sido declarado culpable; si se juzga indispensable su arresto, cualquier rigor que no sea sumamente necesario para asegurar su persona, debe ser severamente reprimido por la ley.

Artículo 10

Ninguno debe ser inquietado por sus opiniones aunque sean religiosas, con tal de que su manifestación no turbe el orden público establecido por la ley.

Artículo 11

La libre comunicación de los pensamientos y de las opiniones es uno de los derechos más preciosos del hombre: todo ciudadano en su consecuencia puede hablar, escribir, imprimir libremente, debiendo si responder de los abusos de esta libertad en los casos determinados por la ley.

Artículo 12

La garantía de los derechos del hombre y del ciudadano necesita una fuerza pública: esta fuerza, pues, se instituye para la ventaja de todos, y no para la utilidad particular de aquéllos a quienes se confía.

Artículo 13

Para la mantención de la fuerza pública y los gastos de administración es indispensable una contribución común: ella debe repartirse igualmente entre todos los ciudadanos en razón de sus facultades.

Artículo 14

Todos los ciudadanos tienen derecho de hacerse constar, o pedir razón por sí mismos, o por sus Representantes, de la necesidad de la contribución pública, de consentirla libremente, de saber su empleo y de determinar la cuota, el lugar, el cobro y la duración.

Artículo 15

La sociedad tiene derecho de pedir cuenta de su administración a todo agente público.

Artículo 16

Toda sociedad en la cual la garantía de derechos no está asegurada, ni la separación de los poderes determinada, no tiene Constitución.

Artículo 17

Siendo las propiedades un derecho inviolable y sagrado, ninguno puede ser privado, sino es cuando la necesidad pública, legalmente hecha constar, lo exige evidentemente, y bajo la condición de una previa y justa indemnización.

— 26 de agosto de 1789 —

Contexto de la declaración

La Declaración de Derechos del Hombre y del Ciudadano fue redactada el 26 de agosto de 1789 por los miembros de la Asamblea Nacional Constituyente tras el comienzo de la Revolución francesa. Esta declaración fue un preámbulo a la Constitución de 1791.

Se trata de un texto histórico-jurídico, ya que es un documento con intención de convertirse en ley y por tanto de obligado cumplimiento en el lugar donde fuera aprobado, y de connotación sociopolítica. Tiene un lenguaje nada literario y se caracteriza por su impersonalidad.

Fue publicado en Francia después de que se asaltara la Bastilla y el "Gran

Miedo" provocara la violencia campesina en contra de la nobleza, y la Asamblea Nacional apartara del poder a Luis XVI y se aboliera el feudalismo.

Este texto jurídico fue elaborado por un conjunto de diversos intelectuales salidos de la Asamblea Nacional Constituyente, dirigido casi en su mayoría por los miembros del Tercer Estado francés, los plebeyos, que hicieron un compromiso a no disolverse hasta redactar una Constitución para Francia.

Está dirigido a todo el pueblo francés. La Asamblea Nacional Constituyente fue, como su nombre indica, una asamblea constituyente formada a partir de la Asamblea Nacional el 9 de julio de 1789, en los inicios de la Revolución francesa. La Asamblea tomó innumerables medidas que cambiaron profundamente la situación política y social del país. Fue sustituida por la Asamblea Legislativa una vez finalizados los trabajos de redacción de la Constitución.

Se pretendía constituir una nueva Francia salida de la gran revolución haciendo censura de la separación estamental, pasando de una sociedad del Antiguo Régimen, y apoyándose en un sistema político liberal, defendiendo los principios de libertad, igualdad, y el respeto a la propiedad privada, y el cambio de poder de una monarquía de derecho divino en el que el poder lo tiene una persona, a una situación liberal en la que se produce una separación de poderes. Se declaran derechos tan fundamentales como la libertad de expresión, culto religioso, y siempre bajo el criterio establecido por la ley.

La declaración contaba con 17 artículos con la exposición de los motivos que llevaron a su sanción. En ella se expresaban como causas de las calamidades públicas y de los gobiernos corruptos. El artículo primero declaraba la igualdad y libertad de todas las personas desde que nacían. El segundo declaró como derechos naturales e inalienables a la libertad, la propiedad, la seguridad y la resistencia a la opresión.

En el artículo tercero se establecía la soberanía de la nación o pueblo. En el artículo cuarto se manifestaba en qué consistía la libertad. Por el artículo sexto se estableció la igualdad de los ciudadanos ante la ley, todos los ciudadanos tenían la posibilidad de ejercer cargos públicos. En el artículo séptimo establecía que la ley era la que determinaba los casos en los que una persona podía ser privada de libertad.

En los artículos décimo y undécimo se establecía la libertad de opinión. En el artículo decimotercero se decía que para los costos de la fuerza pública y los gastos de la administración había que fijar unos impuestos comunes que debían repartirse de forma proporcional a las riquezas de cada individuo.

El artículo decimosexto fijaba como requisitos para que una Constitución merezca esa designación tenía que garantizar los derechos y separar los poderes del estado.

Finalmente, el artículo decimoséptimo asentaba la inviolabilidad de la propiedad privada, permitiendo únicamente su expropiación por una causa de necesidad pública.

El grupo social más favorecido en esta Declaración es el Tercer Estado ya que ganó bastantes privilegios respecto a los que poseía antes, como la posibilidad de acceder a cargos públicos, más libertades, unos impuestos proporcionales a la riqueza que posea cada individuo, derecho a la propiedad privada.

La Declaración de Derechos del Hombre y del Ciudadano marcó el fin del Antiguo Régimen y el principio de una nueva era.

Es una declaración de derechos prudente en sus cesiones, además de que algunas no las llevo a cabo porque impuso sufragio censitario de ciudadanos activos y eso va en contra de los artículos tercero y sexto.

En resumen, la Declaración produjo el nacimiento del liberalismo, la separación de poderes, se mantuvo el régimen de propiedad privada, abolición de privilegios, se suprimieron las justicias señoriales y unificación de impuestos.

Este documento se ha convertido en modelo de muchas de las declaraciones posteriores y fuente de inspiración para la mayoría de las constituciones de los siglos XIX y XX.

24

*Representación de la Declaración de los
Derechos del Hombre de 1789*

LETTRES PATENTES
DU ROI,

*Qui ordonnent l'envoi aux Tribunaux, Municipalités &
autres Corps administratifs, des Décrets de l'Assemblée
Nationale, qui ont été acceptés ou sanctionnés par
Sa Majesté.*

Données à Paris, le 3 Novembre 1789.

LOUIS, PAR LA GRÂCE DE DIEU, ROI
DE FRANCE ET DE NAVARRE: A tous ceux
qui ces présentes Lettres verront; SALUT. L'Assemblée Nationale nous a fait présenter le Décret dont
la teneur suit:

Extrait du Procès-verbal de l'Assemblée Nationale.

Du Mardi 20 Octobre 1789.

L'ASSEMBLÉE NATIONALE a décrété que les arrêtés
du 4 août & jours suivans, dont le Roi a ordonné la publica-

A

*Patente real de Luis XVI de Francia,
promulgando los textos aprobados por la
Asamblea Nacional a partir del 4 de agosto de
1789, entre ellos la Declaración de los Derechos
del Hombre y del Ciudadano.*